中华中医昆仑

王玉川学术评传

张镜源◎主编

中国盲文出版社

图书在版编目（CIP）数据

王玉川学术评传（大字版）/ 张镜源主编. —北京：中国盲文出版社，2015.12

（中华中医昆仑）

ISBN 978-7-5002-6885-7

Ⅰ. ①王… Ⅱ. ①张… Ⅲ. ①王玉川—评传 Ⅳ. ①K826.2

中国版本图书馆 CIP 数据核字（2015）第 308721 号

王玉川学术评传

主　　编：张镜源
责任编辑：黄巧莉
出版发行：中国盲文出版社
社　　址：北京市西城区太平街甲 6 号
邮政编码：100050
印　　刷：北京华联印刷有限公司
经　　销：新华书店
开　　本：700×1000　1/16
字　　数：42 千字
印　　张：6.75
版　　次：2015 年 12 月第 1 版　2015 年 12 月第 1 次印刷
书　　号：ISBN 978-7-5002-6885-7/K·489
定　　价：12.00 元
销售服务热线：（010）83190297　83190289　83190292

丛书编委会

前　言

中医药是中华民族的伟大创造，是世界医学宝库中的夺目瑰宝，数千年来为中华民族的繁衍昌盛作出了巨大的不可磨灭的贡献，至今仍是中国医药卫生事业不可分割的重要组成部分，在维护民族体魄康健、促进经济社会发展中发挥着不可替代的作用。

中医药学，是中华传统文化和科技文明的结晶，是勤劳聪慧的中华儿女在几千年生产生活实践中，在与疾病作斗争的过程中，创造的独具特色的医学科学体系。它有着浓郁的民族特色、深厚的文化底蕴和丰富的哲学内涵。经过一代又一代中医药传人、一辈又一辈名医大家的实践探索、薪火传承、总结完善、创新发展，逐步形成了系统的理论体系、独特的诊疗方法、丰富的医学内容、实用的制药技术。具有疗效确切、用药安全、应诊灵活、普适简廉和预防保健作用显著的巨大优势，在世界医学之林独树一帜，为人类的文明进步与医疗保健事业，已经并正在作出积极的贡献。

为了弘扬中华民族传统文化，彰显中医药学家的丰功伟绩，当代中医药发展研究中心与中国文学艺术界联合会、国家中医药管理局新闻办公室、中华中医药学会、中国中医科学院、北京中医药大学、世界中医药学会联合会等精诚合作，在国家中医药管理局的支持和指导下，为中华近现代百年来贡献卓著、深受敬仰的150位中医药学家，编撰出版了这部大型传记丛书。丛书采用评传体裁，记载他们的生平事迹、医术专长、学术思想、传承教育、医风医德、养生之道和突出贡献，使这些宝贵的医学成就和精神财富发扬光大，千古流芳。

从书取名《中华中医昆仑》。昆仑山，被尊为“万山之祖”，柱西北而瞰东南，立中国而凭世界，凌驾乾坤，巍然屹立。以其高峻豪迈、绵延起伏的磅礴气势，寓意中华中医药学历史悠久、博大精深和永不衰竭；以其挺拔雄伟、高耸入云的恢弘气魄，彪炳一代中医药学家的丰功伟绩、杰出贡献和不朽勋业。

从书入选传主，从全国范围推荐遴选，遍及中医药界各个领域。有临床家、理论家、药学家、教育家、医史文献学家；有名师亲授、世医家教、学派传人、院校毕业和自学成才者；有师徒并驾、父子齐名和伉俪联袂者。他们学术造诣深厚、诊疗技术精湛、临床经验丰富、学科地位崇高、科研成果丰硕、医风医德高尚、国内外影响较大，从医学理论到临床实践，为中医药事业的传承和发展作出了突出贡献，是近现代百年来中华中医药界的杰出代表。

丛书的出版，对于弘扬中华文化，振兴中医药事业，造就中医药人才，普及中医药知识，具有重要的现实意义和深远的历史意义。这是一项开创性工作，填补了我国为著名中医药学家大规模撰写传记的空白；也是一项抢救性工作，因入选传主已仙逝过半，许多亲历、亲见、亲闻的史料日见散逸，将之收集整理、编撰成书，功垂后世、利国利民；更是一项承前启后的工作，总结传主经验，传承中医药伟业，继往开来，光耀世界医学之林。这部医文结合，富蕴历史性、学术性、文学性和实用性的鸿篇巨制，对医疗、卫生、科研、教育及全球关注中华中医药文化的各界人士，都有重要的参考和阅读价值。

丛书的编撰出版，是一项巨大的中医药文

化建设工程，在策划、撰写、编辑、出版过程中，自始至终得到了国家有关领导、政府部门及社会各界人士的关心和支持。国家中医药管理局高度重视，并组织专家对全书进行终审；数百名专家、学者亲临指导，参与规划；有关省、市、自治区卫生厅、局、中医局（处）给予大力帮助；传主及其亲属、弟子热情支持、密切配合；撰稿人深情满怀、辛勤笔耕；编审专家尽心竭力、精工细琢；关爱中医药事业的企业家热心公益、慷慨资助；全体工作人员不辞辛劳、无私奉献，这一切使丛书得以顺利出版。对此，我们深表谢意。

由于时间紧迫和资料搜集困难，加之水平有限，难免有疏误之处，敬请广大读者批评指正。

中华中医药学，历史悠久，源远流长，发端于远古，奔向于未来。百年对于历史，不过是短暂的瞬间；百人对于万众，不过是沧海一粟。然本丛书所记载的百年百人，则无疑是波澜壮阔的中医药发展史上辉煌的篇章和光芒闪烁的璀璨星辰。

张镜源

目录

没有独立自主的精神，做任何事情都不可能作出成绩。不要做教材的奴隶，要做教材的主人，这才能把前人的成就真正变成自己的知识。我们需要的是自己观察，自己思索，自己做主，那是一种独立思考的治学精神。

——王玉川

王玉川，1923年出生于上海市奉贤县（原江苏省奉贤县），著名中医理论家、教育家、内经专家，北京中医药大学顾问、终身教授。享受国务院政府特殊津贴。2009年由人力资源和社会保障部、卫生部、国家中医药管理局评选为国医大师。

1941～1943年，师从中医名家戴云龙、陆渊雷，学成后在当地行医。1943～1955年，在奉贤县开设门诊从事中医临床工作。1955～1956年，在江苏省中医进修学校，深入学习中医相关知识。1956～1957年，在南京中医学校从事中医药教学与临床工作。1957～1963年，奉卫生部调令到北京中医学院（今北京中医药大学）从事教学工作，潜心于《黄帝内经》的教学和研究。1978～1984 年，在北京中医学院从事行政管理工作，任副院长。在任期间，对中医基础理论研究，尤其对《黄帝内经》的研究，诸如阴阳学说的演变、气血循环理论、五行学说、运气学说、河图洛书等方面，均有突出成就和重要贡献。主编全国中医院校教材第一、二版《内经讲义》，编撰《中医养生学》《运气探秘》等多部著作及上百篇论文。历任中国科协第二届委员，国务院学位委员会学科评议组成员，全国政协第五、六、七、八届委员会委员，中国中西医结合研究会（现中国中西医结合学会）名誉理事。

初入医门

上海南郊的奉贤，北枕黄浦江，南临杭州湾，地处人杰地灵之区，相传孔门高徒子游，学优而仕，宰于武城，后讲学游访此地。及至奉贤建县，爰此为名，遂成佳话。

20 世纪初的上海一片繁华景象，奉贤的乡下亦是江南水乡的秀美与静谧。

生活在奉贤县头桥乡联工村的王梦其，系清朝年间光禄大夫王迪的后裔。因父母过早双亡，幼年的王梦其就承担起了生活的重担。1917 年，18 岁的王梦其从上海简易师范学校毕业后进入吴淞小学执教。他一边教学，一边拜尤怀庭先生学习山水画，并在上海开设了真艺美术社，汇集画师10余人，创办了《现世报》，同时兼任《新浦东报》的编辑。1932年，怀抱“农业救国”梦想的王梦其弃教经商，开始研究农业和园艺技术，改良棉花的种植。由他研究出来的白籽棉、岱籽棉等良种在江阴试种，同时改棉花散播为条播和点播。其棉花产品由上海默林、三友实业公司经销到各地。与此同时，王梦其还参加了王玉振创办的奉贤县水墩农村改进社，并开设药铺以悬壶济世。

1923年9月3日，王梦其家中又添一子，他就是日后成为国医大师的王玉川。

王玉川排行老二，姐姐比他大两岁。他们虽生于乱世，但家道小康的生活环境使他们度过了快乐的童年。

父亲收藏的图书很多，还有郑板桥等名家字画，这些都成了小玉川的精神食粮。

在父亲的影响和熏陶下，王玉川小学时开始选读中医古典名著，15岁时已能通读《黄帝内经》，并由此产生从医的浓厚兴趣和愿望。捧着《黄帝内经》，王玉川手不释卷，这本穿越千年时空的经典之作，似乎正等待着他解开其中的奥秘。

1937 年，抗日战争爆发。初中二年级的王玉川退学回到家中，家便成了他自学的课堂。不久，他应聘在分水墩小学任教。两年后，父亲把他先后送到戴云龙和陆渊雷的诊所学徒，从此王玉川踏进了中医的大门。

近代中医学家戴云龙，原名宣正庭，南汇县坦直桥人。擅长内、妇科，尤擅诊治“热病”，善用“白虎汤”重剂，病愈者良多。陆渊雷是现代中医学家和中医教育家，名彭年，上海川沙县人，曾与徐衡之、章次公等以“发皇古义、融会新知”为宗旨，成立上海国医学院，并举办函授医学，一时遥从受业者众多。

在名医戴云龙和陆渊雷的言传身教下，王玉川深得中医药学之真髓。两年后的 1943 年 3

月，王玉川在家乡头桥乡设立了自己的诊所，开始独立行医。

21 岁的王玉川虽然年轻，但求他看病的人络绎不绝。他药到病除的精湛医术和平易近人的医风医德，深受患者的信赖和群众的欢迎。除了诊治疾病之外，他还博览中医古典医籍，注意吸收各种学派的长处和精华，且特别酷爱自幼习读的《黄帝内经》。在江南水乡独立出诊的 12 年中，他经常研习《黄帝内经》，一本王冰注的《黄帝内经》被他一遍遍翻阅，烂了的纸页又被他用胶布粘好继续研读。书上满是他的批注和心得，密密麻麻的蝇头小楷遍布页眉页脚，研习《黄帝内经》的读书笔记足足有几大本。

1949 年，中华人民共和国成立后，毛泽东主席在接见出席全国卫生行政会议代表时说：必须很好地团结中医，提高技术，搞好中医工作，发挥中医力量，这样才能担负起几亿人口艰巨的卫生工作任务。在党和政府的高度重视和支持下，中医药事业得到了恢复和发展，中医药作为我国独具特色的卫生资源，与西医共同担负着维护和增进人民健康的重要使命，成为中国医药卫生事业不可或缺的重要组成部分。

沐浴在中华人民共和国阳光下的王玉川继续为家乡的乡亲看病诊治。1951 年，他由头桥乡自己的诊所转到头桥联合诊所为病人服务，任内科中医。

1954 年 4～8 月，王玉川在政府的关怀下，在松江县学习了 4 个月。就在这一年，江苏省中医进修学校（南京中医学院前身，今南京中医药大学）成立，校长是承淡安。第二年 3 月，王玉川被推荐到该校学习。3 月 13 日，江苏省中医进修学校在南京市朱雀路邀贵井 14 号举行了成立大会和第一期中医进修班、针灸专修班开学典礼，由此揭开了我国高等中医教育的序幕。第一期中医进修班 60 名学生中，除王玉川外，还有多位后来成为中医界的重量级人物，如董建华、印会河、王绵之、颜正华、汪幼人、陆莲舫、许济群、丁光迪、肖少卿、陈亦人、程莘农、周仲瑛、吴贻谷等。第一期中医进修班的学员都是像王玉川一样具备了相当中医素养和临床经验的中青年中医，而他们的老师则临床经验更丰富，学术水平更高，有研究《黄帝内经》的时逸人，研究《伤寒论》《温病条辨》的宋爱人，以及著名中医学家周筱斋、中药学家叶橘泉、方剂专家樊天徒等。

第一期中医进修班只有一年学习时间，在短暂的学习生活中，王玉川如饥似渴地研修各种医著，习惯性地在已读过的医学著作的字里行间写满蝇头小楷，并记下一本本读书笔记。这也让他很快在学校崭露头角，加上他学识广博，熟读《黄帝内经》，进修班还没结业他就被学校破格提前留校任教。

教书育人　提携后学

在中医药学发展史上，明清以来，江苏及其周边地区是近代中医药学术发展的中心。明清时期，江、浙医家对于温病学说的重大贡献是中医药学术鼎盛时期的重要标志。此后“西学东渐”，民国期间，西医学逐渐取代了中医药学的主流地位。这一时期，由于南京特殊的历史地位，中医药学的发展与存废、中西医论争、中西医汇通、中医科学化等与中医药学术发展相关的思潮与实践均以江苏为中心展开。1949年后，江苏是引领中医药从民间自然传承为主的发展模式向现代科学发展模式转换的主要地区之一。江苏省中医进修学校和江苏省中医院为新中国的高等中医药教育提供了第一批高等中医教育的师资力量。

1956 年，我国为培养具有研究、教学、医疗工作能力的高级中医人才，在北京、上海、广州、成都 4 个城市开始筹建中医学院。从 1957 年起，山东、河北等地也相继创建中医院校，周恩来总理批示让南京中医学院予以支持。于是南京中医学院（江苏省中医进修学校）向全国各地输送了近百名教师，北京、山东、河北等中医院校的领导也都是由江苏输送的中医药人才担任。这是我国中医药高等教育的第一批师资力量，他们为我国高等中医药教育的开展和普及播下了繁荣与发展的种子。

随着新中国中医药事业的迅速发展，王玉川的人生命运发生了转折。1957 年 9 月，他奉卫生部调令北上，进入刚刚在北京创建一年的北京中医学院（现北京中医药大学），被任命为内经教研室主任，创建内经学科。

北京中医学院建院之初，秉承传统中医精神，在“勤奋、严谨、继承、创新”的校训倡导下，问道师承，厚德博学，励精图治，锐意进取，自强不息，勇攀高峰。

对王玉川来讲，中医教育是一门新的学科。他到北京中医学院后，当务之急就是编写教材。为了用现代语言确切表达《内经》的丰富内涵，王玉川率领教研室同事夜以继日编写讲稿。经过两年多的全力拼搏，由他主编的《黄帝内经素问译释》和他参与编写的《中医学概论》终于完成，并于1959年分别在上海科学技术出版社和人民卫生出版社出版发行。

第二年，王玉川主编的集前人之大成的《内经讲义》由人民卫生出版社出版。从此，中医院校有了既能通观全著，又能撷取其精华的《内经》教材。1964年，上海科学技术出版社将《内经讲义》再版，这本由王玉川亲自主编的教材与第一版一样，在封面上依然冠以“北京中医学院主编全国中医教材会议审定”字样。这本书经全国教材会议通过，升级为全国统一的《内经》教材，也为《中医学基础》和《中医基础理论》等其他教材的编写打下了坚实基础。

《内经讲义》共31万字，讲义部分有绪言、导论、藏象、经络、病机、诊法、治则及五运六气计8章12万余字，附编“医经选读”部分，每篇篇首均有篇名解释和中心内容简介。1963年7月举行的全国中医教材会议对包括《内经讲义》在内的第一批教材给予了高度评价：“这套教材虽系草创，但由于它把中医学系统地画了个前所未能画出的轮廓，因而对提高教学、医疗质量都起到了积极的作用。”由此可见，王玉川与同事们筚路蓝缕、开拓创新，以拓荒者的气概，艰苦创业，薪火相传，用智慧和汗水辛勤耕耘，为我国中医药高等教育事业闯出了一条新路。

1963年7月，王玉川被任命为北京中医学院中医系主任。此后，王玉川挑起了行政和业务双重担子，但无论行政事务多忙，他都没有放下学术研究。学校没有先进的实验设备，在参考资料极少的年代，王玉川常常是一本书、一盏灯，伴着他熬到天亮，忽有所悟的欣喜激励他一路坚持中医学术研究，凡与他共事过的同事无不为他的敬业精神所感染。

王玉川博览群书，严谨治学，阐微解惑，释疑传道，提携后学，倾其所有，甘为人梯，无私传授，使北京中医学院一届又一届学子们受益终生。

王玉川提倡现代学院教育，听过他授课的年轻中医成百上千，但他直接带的学生仅四五人。与师带徒相比，他认为临床上从来没有相同的病人，好中医应该独自到临床去实践摸索；理论与临床相得益彰，只有具备深厚的理论功底才能使临床疗效显著。他经常要求年轻学子们要言之有理，强调文以载道。每年审阅学生的毕业论文，他都逐字逐句精心批阅，一篇论文要修改好几天，很多毕业生一直珍藏着他精心审阅过的论文。

刘燕池，1962 年北京中医学院中医专业毕业，分配到内蒙古讲《内经》课。没有经验的他返回母校寻求帮助，王玉川当即把历经一年刚誊完稿、尚未出版的《内经讲义》交给他，以作参考。当刘燕池意外地拿到老师这份讲义的时候，激动的心情无以言表。

王玉川的研究生陶广正评价自己的老师：为人淡泊，不慕虚名。师出名门，有真才实学；学富五车，而无头角夸诞。虽非博导，而众多博导皆曾受其教；未登讲堂，而授课讲稿竟出其手。著述不多，却不乏真知灼见；临床虽少，却每能一丝不苟。审查论文，从不敷衍；撰写书评，必中肯綮。

在临床传承教学中，王玉川常从古典医籍

中总结用药知识以示后人。他认为，临床不应为方证相对束缚，要勇于探索能治多病的方剂。王玉川经常告诫同学们：“研究同方治异证的机制，对实现中医现代化有很大意义。”

王玉川重视理论和临床结合的重要性，并身体力行，坚持在临床一线为普通百姓治病。有段时间，他在国医堂一周出诊四次。因为擅长治疗中医内科各种疑难杂症，如心血管疾病、风湿病、血液病等，临证时一丝不苟，疗效卓著，深受患者欢迎。深厚的理论功底保证了王玉川卓越的临床疗效。有一次，学校同事鲁兆麟接诊一位脱髓鞘神经根病的病人，用遍了温阳药、补气药、活血药等效果仍然不好，于是他找到王玉川请教。王玉川告诉他：“《内经》讲‘肾恶燥，即食辛以润之’，不要只考虑补阳，可以加点细辛这类通药试试。”鲁兆麟深受启发，如此治疗，病人的病情果然得到好转。由于种种原因王玉川多年的临床处方没有保留一张，因此他不打算出版临床经验集，这不能不说是一大遗憾。

王玉川影响了一大批严谨操守、具有厚重文化学术底蕴的学者。曾聆听王玉川中医课程的严季澜评价说：“在老先生中，玉川老的理论水平相当高。”出生于1955年的严季澜，也像他的老师王玉川那样数十年如一日地坐冷板凳研读经典，琢磨医案，喜欢用铅笔写些纤细小楷，下着“笨工夫”。后来严季澜担任北京中医药大学基础医学院医学人文系主任、中医医史文献学科（北京市重点学科）博士研究生导师，成为中医教学、科研与临床学术的传承人。

滋兰九畹，树蕙百亩，一份辛劳，一份收获。王玉川在中医教育这片园地辛勤耕耘，一届又一届跟随王玉川学习过的北中医人，很多成为全国各地高校、医院和科研院所的中坚力量。

献身岐黄　终生不悔

从 1966 年 6 月到 1969 年 7 月，王玉川被无故隔离审查达 3 年之久。

北京东直门医院是北京中医学院的附属医院，1969 年 7 月仍然接受审查的王玉川成为北京东直门医院的一名内科医生。1971 年 5 月，他又随北京中医学院赴河南省镇平县医疗队到豫西南镇平伏牛山区，为当地百姓看病，并任小组长。同年 10 月，王玉川回到朝思暮想的学校，在担任了两个月的北京中医学院教工连队教员之后，重新恢复了他中医系负责人的职务。其间他下放到中国中医研究院小汤山农场和“五七干校”劳动。

1978 年 9 月，党中央在转发卫生部党组《关于认真贯彻党的中医政策，解决中医队伍后继乏人问题的报告》的批语中强调：要抓紧解决中医队伍后继乏人的问题，要培养一支精通中医理论和有丰富临床实践经验的高水平的中医队伍，造就一支热心于中西医结合工作的西医学习中医的骨干队伍。“十年动乱”后重新复出的邓小平副总理在批示中特别指出：“这个问题应该重视，特别是要为中医创造良好的发展与提高的物质条件。”

1977 年 10 月，王玉川成为北京中医学院的行政负责人，1978 年 5 月，被任命为北京中医学院副院长和院学术委员会主任。

十年磨难，没有磨灭王玉川对中医事业的忠贞与挚爱，反而更坚定了他献身中医药事业的信心和决心。从 1978 年担任北京中医学院副院长和院学术委员会主任及顾问至今，王玉川把生命的全部投入到了中医药教育事业和学术研究之中。

王玉川重视中医学术刊物的建设，在他的努力下，停刊20年之久的《北京中医学院学报》于1981年1月正式复刊，成为学校和全国中医药学术交流的重要园地。

1978年2月，政协第五届全国委员会在北京召开，王玉川作为特邀委员第一次出席大会。

1980年3月15日至23日，王玉川作为中华全国中医学会代表参加了中国科学技术协会第二次全国代表大会。大会期间，全国科学大会在北京举行，邓小平同志在会上作了重要讲话，提出了“四个现代化，关键是科学技术的现代化”、“知识分子是工人阶级的一部分”的著名论断，重申了“科学技术是生产力”这一马克思主义基本观点，从而澄清了长期束缚科学技术发展的重大理论是非问题，全国科技工作者迎来了科学的春天。

1981年6月，王玉川被聘请担任国务院学位委员会（中医学会）评议组召集人。

王玉川担任第五至第八届全国政协委员，他积极参政议政，建言献策。1983 年 6 月，政协第六届全国委员会在北京举行，王玉川被推选为委员和第三十六组副组长。在政协全国第七届全会上，他被推选为第三十五组副组长。在七届四次会议期间，他提出了“关于公费医疗费用不宜包干到医院管理”的提案，该提案被评为优秀提案。

1984 年，王玉川在担任北京中医学院副院长 6 年后，被任命为北京中医学院顾问，还担任北京市高等学校教师职务评审委员会委员、北京市高等教育自学考试委员会委员等多项校内外职务。在担任北京中医学院副院长和院学术委员会主任期间，他重视教学、科研、学术和学科建设，参与和领导了北京中医学院的恢复和重建工作，为中医药事业的发展作出了突出贡献。在短短的几年间，北京中医学院的各项工作得到全面恢复和发展。

学校坚持“面向社会，注重基础，加强应用，促进联合”和“立足继承，重在创新，发展中医药学术”的办学指导思想，科学研究以中医药基础理论创新性研究、重大疾病防治和中医药现代化研究为主攻方向，并取得了显著成效；逐步建立起了以培养高层次人才为主体，多层次、多形式办学的完整教育体系，医、药、针、管、护多专业协调发展，专科、本科、本硕连读、硕士、博士等多层次人才培养，全日制学历教育、继续教育、远程教育、对外教育等多类型办学，形成了以培养高层次人才、教育教学国际化为发展方向的鲜明办学方向；初步形成了我国培养高层次中医药人才、解决中医药重大科技问题、防治重大疾病和现代难治病的重要基地，成为在国内外享有盛誉的集教学、科研、医疗、产业四位一体的中医药高等学府。1993 年，北京中医学院更名为北京中医药大学，2000 年 7 月 31 日，原北京中医药大学与原北京针灸骨伤学院正式合并，组成新的北京中医药大学，成为唯一一所进入国家“211 工程”建设的高等中医药院校，并成为直属教育部管理的重点大学。1984 年 1 月，从学校领导岗位上退下来的王玉川一直担任学校的顾问，依然关注着学校的发展，依然心系着我国中医药事业。

振臂挺身　倡导中医现代化

王玉川在学校领导岗位上对我国中医现代化、中医药教育等重大理论与实践问题进行了深入的思考和研究，提出了许多具有创建性的中医发展观，在中医学界产生了广泛影响。

1980 年，“全国中医和中西医结合工作会议”召开。会上提出了“中医、西医、中西医结合三支力量都要发展，长期并存”的方针。然而中医界却仍存在着“中医必须独立发展”的思潮。对于事关中医未来发展命运的大是大非问题，王玉川挺身而出，及时提出“中医现代化”的时代课题，旗帜鲜明地指出“中医必须独立发展”的观点违背科学发展规律，“独立发展”是没有出路的，应积极倡导中医现代化，在实现中医现代化的过程中不应排斥西医。

王玉川将自己的思考整理为《谈谈我对“中医学术独立发展”的看法》，刊登在1984年第7期的《中西医结合杂志》上，在医学界立即引起了一场争论。

王玉川在这篇文章中全面阐述了自己的中医发展观。他从自然科学和《黄帝内经》的成书历史发展论证了中医“独立发展”的弊端和危害。他说：科学发展史表明，任何一门学科、任何一项技术都不是单靠它本学科的力量就能发展起来的。任何一个专家也不是光凭他自己聪明的头脑和勤快的双手成长起来的。王玉川还以西方著名科学家牛顿的话来告诫读者：“我之所以在科学上有发明创造，只是因为我站在别人的肩膀上，所以你看我这个人个子很高大，其实我底下有人。”他在文章中尖锐地指出：如果没有其他学科的知识，没有其他人，包括前人的甚至是晚辈的帮助，就不可能成为专家，更不用说有什么发明和创造。没有联系就没有科学，没有联系就没有发展，没有联系就没有人类，没有联系就没有整个世界。世界上根本不存在什么孤立的、互不联系的、僵死的、永恒不变的东西。因此，“独立发展”的本身是形而上学思想的反映。

王玉川从我国古代科技发展史的角度严厉批驳了“中医必须独立发展”的观点。他指出：“在公元9世纪以前，我国的科学技术水平居于世界领先水平，除了对全人类的文明进步和科学技术发展具有深远影响的指南针、火药、造纸术和印刷术‘四大发明’以外，在数学、天文、地理、冶金、化学等自然科学各个领域的很多成就都是当时世界上一流的。我国古代劳动人民善于思考和富于创造的精神，为人类的文明进步作出了卓越贡献。明清以降，由于封建统治者害怕社会进步和科学技术发展会动摇他们的统治地位，在实行‘崇本抑末’政策的同时，又大搞‘学术禁锢’。如明代不但继承了唐宋以来的科举取士制度，增加了八股文，还将宋代的程朱理学奉为学术界的正统思想，用客观唯心主义来进一步禁锢人们的思想意识，使许多学者在虚无缥缈、不尚实际、专事清谈的状态中消磨岁月。到了清代更是变本加厉，除了沿用明代的那套办法之外，还采取‘闭关锁国’政策，企图禁止一切国际交流，又对知识分子加以莫须有的罪名，大兴文字狱，使知识分子人人自危，不敢越出‘正统思想’的界线去搞发明创造，很多人便钻进故纸堆里去搞考据训诂之类的学问。因此，清代在科学技术方面很少有什么创造性发现和创新。”

王玉川从回顾我国科学技术的发展历史中得到的启示认识到，学术禁锢对自然科学发展的危害是十分可怕的，如果我们对中医学也来规定一个“正统思想”，强迫人民服从它的观点，不允许发表不同见解，不准与其他学科之间相互渗透，搞学术上的“闭关锁国”，或者叫做“关门主义”，其结果不堪设想。可以说王玉川的观点是振聋发聩的。

王玉川还用《黄帝内经》成书的发展历史，从理论深层对“独立发展”观点再次进行了否定。他在文章中指出：《黄帝内经》经历了两千多年仍然有恒久的学术价值，后世许多名医的著作在某个方面或某一点上已经有了重大发展，有的还形成了一个学派或更为专门的一个学科，但在医学理论原则方面，始终没有能够超越《黄帝内经》的水平。《黄帝内经》汲取了它成书之前诸如天文、气象、历法、数学、地理、物理、解剖、心理、哲学等各学科的最新成果，其中凡是对医学有价值的东西，它都吸收进来。这种“拿来主义”是《黄帝内经》作者们在两千多年前的一个创造。他们运用新成果来整理、充实、提高医学经验，使之上升为能指导临床实践的理论而自成体系，才有可能创作出这么一部伟大的医学巨著。

王玉川认为，只要认真研究过《黄帝内经》就会清楚地看到，它虽然尽可能利用了当时其他学科的最新成果，但不是东拼西凑而成书，而是把其他学科的好东西拿来，与医学有机地联系起来，再经过综合分析提炼，演变而成为医学上更有生命力的理论体系。他说，阴阳五行学说就是经过提炼加工与医学融为一体，并有所发展，而成为既是阴阳五行自身，又不是它自身的新东西，成为医学理论的一个组成部分。在那个时代，引用阴阳五行学说的著作很多，不仅《黄帝内经》一家，然而其他著作中的阴阳五行学说都早已成了古董，唯有《黄帝内经》的阴阳五行学说至今还保留着它重要的理论意义和临床使用价值。王玉川告诫人们，如果《黄帝内经》的作者们在编纂《黄帝内经》的时候搞“关门主义”独立发展的话，那它肯定是短命的，即使保持到今天，它的学术价值和历史地位也不会那么高，恐怕早就被历代医家名著取而代之了。如果《黄帝内经》的作者们仅仅汲取各门学科的最新成果，不经过自己的消化吸收，以及分解化合的转化过程，与医学有机地结合起来，其结果也不能成为中国乃至世界上一部伟大的医学巨著。

王玉川经常在思考，如果《黄帝内经》的作者活到今天，面对着这么一个知识爆炸的新时代，他们将会采取什么态度？是为了保持中医的传统理论不变，而将外来的其他学科的好东西一概拒之门外，还是仍然按照当年编写《黄帝内经》的老方针、老传统去对待各学科的新成果呢？是先把继承工作搞完了再搞发扬，还是把继承和发扬有机地结合起来进行呢？他深信这样一条真理，没有本学科自身各部分的联系，就不成其为科学；没有与其他学科的联系，任何科学也不可能有所发展。因此，“关门主义”的“独立发展论”，绝不是中医的传统，更不是什么中医的特色。今天，如果我们仅仅用“独立发展”来保持中医传统和突出中医特色的办法，那无疑恰好否定或抛弃了中医科学发展的历史传统，因而“突出中医特色”这个应该坚持的正确方向，也就成了“关门主义”的代名词。

“中医现代化不能排斥西医”，王玉川这一思想即使在今天仍具有现实意义。20世纪80年代中期，中医学界一些人仍抱着“中医与别的学科不同，有它的特殊性，中医搞现代化不能用西医，只能用西医以外的学科知识和技术”的旧观念。王玉川认为，这种特殊论的观点根本站不住脚。中医有它一定的特殊性，看不到这一点就是错误的，搞中医现代化必须要同中医的现状结合起来考虑，不能照搬西医的经验和办法，这如同“我国的四个现代化建设必须与我国的国情相适应”是一样的道理。但是如果不能用西医的方法只能用其他科学技术的话，这个特殊论就变得太绝对了。因为西医科学与其他科学技术之间并非存在着不可逾越的鸿沟，恰恰是紧密联系在一起的。西医的许多基础理论，如解剖学、组织学、胚胎学、生理学、微生物学等都是建立在生物学的基础上，并与人体结合起来，形成了西医特有的基础学科。西医应用的一些仪器并不都是医学家首先搞起来的，绝大多数也是利用了其他学科的成果，也是搞“拿来主义”发展起来的。现在有许多名老中医也积极主张并已经开始行动起来要改变中药的给药途径，特别是要搞注射用剂型。这无疑是十分必要的，因为它有利于开展中医治疗急症的研究工作。然而不运用西医的药化手段，就不可能把中药改成注射剂，尤其是静脉注射剂。不用西医的动物实验方法，就不可能保证中药新剂型在使用中不出危险。要是不掌握生物化学上讲的酸碱平衡、等渗等知识，就无法使用静脉点滴给药。

王玉川对中医的发展进行了科学的、全面的研究，他认为，所谓中医的特殊性是与西医相对而言的，也是中医与西医的主要区别。两者的主要区别是：中医从整体的宏观的方面研究得多些，西医从局部的微观的方面研究得多些；中医的理论抽象思维多于实验，西医的实验多于理论，多于抽象思维；中医的诊疗手段还是古老的那一套，西医的诊疗手段则采用了现代各学科的新成果；有的病应用中医疗效好些，有的病则应用西医疗效好些。总之，两者各有所长，各有所短，但两者研究的对象、服务的对象却是相同的。随着时代的发展、科学的进步，中医和西医都已认识到：整体与局部、宏观与微观是辩证的统一，是不可分割的。客观实际也愈来愈证明，中医与西医之间的差别正在逐渐减少，共同的认识正在逐渐增多，严格的不可逾越的分界线随着时间的推移也正在日益消失。尽管它的速度是那样缓慢，但是它无可挽回地、永不停步地在向前发展着。如中医的“血瘀”和“活血化瘀”理论，在20世纪30年代是西医嘲笑中医的话柄，因为那时候的西医除了血栓之外，是不承认在活人的血管里会发生瘀血病变的。由于血流动力学理论的出现，西医发现了“弥漫性血管内凝血”等病变，因此对中医的“血瘀”理论有了一个比较正确的认识。王玉川用这个例子说明了这样一条真理：活的机体，整体与局部、宏观与微观都是对立的统一，从整体的宏观的方面反映出来的现象与局部的微观的变化，两者是密切相关的。用中医传统的语言来说，叫做“有诸内，必形诸外”。王玉川由此作出如下结论：中医与西医各自从不同的角度出发，运用不同的方法和手段所得到的不同认识终归是要统一起来的。目前西医还无法解释的某些中医理论，必将随着医学科学技术的不断发展而得到证明，那种认为中西医不可能结合的观点也必将被证明是完全错误的。那种以为中医现代化不能应用西医的方法和技术，强调中医的特殊性等说法，只能让自己始终停留在原有的水平上而自生自灭。

在世界经济和科学文化日益全球化的今天，中医的现代化仍是我们面临的机遇与挑战。王玉川的思考仍在提醒着我们，并给予我们深刻的启示。

教育先行的中医发展观

1982 年 4 月，“全国中医院和高等中医教育工作会议”在湖南衡阳召开。会议讨论制订了《努力提高教育质量、切实办好中医医院》等文件。这次会议特别强调了保持和发扬中医特色，解除中医药后继乏人、乏术，以及中医教育工作等一系列问题。

在担任学校行政和学术领导职务 6 年中，王玉川一直在思考和探索着我国高等中医教育的理论与实践问题。他清醒地认识到，振兴中医，教育是基础，宣传工作很重要。20 世纪 80 年代初，王玉川发现，我国中医教育和宣传中存在一些问题，于是便撰写了《谈谈关于中医教育宣传工作的问题》的长篇文章，发表在1984年10月的《中医教育》杂志上。王玉川认为，中医教育要面向现代化、面向世界、面向未来，中医学的传承创新与振兴的基础和关键在于中医教育的质量和中医科研工作的进展，应当鼓励人们根据中医教育的现状，结合我国新时期的具体实际和即将来临的新技术革命的形势，探索出一条切实可行的新路。王玉川指出：中医作为一门科学能不能长期存在下去，并有所发展，不光需要增加机构，更重要的是必须培养出一批富有创造精神和热爱祖国传统文化，能经得起各种风浪考验又有渊博的科学理论知识和实际技能，能够适应新技术革命形势发展需要的多层次、多种专业、多种类型的中医专门人才，这是摆在中医界面前十分紧迫的课题。

王玉川看到改革开放以来有些人对外国的理论奉若神明，而无视我国中医专家、学者们根据我国的实际提出的种种改革建议，对我国中医教育提出许多无端指责。他及时指出了这种思潮的危害，他说："我国的中医教育发展到今天，再也不能只把眼睛放在本科生的培养上，而必须放开视野，要认真研究高等中医教育中专科生、本科生、硕士研究生和博士研究生四个层次人才的培养，应该建立各种培养目标和与之相适应的教学计划、教学内容、考核方法，以及四个层次的比例等等。"

改革开放之初，我国高等中医教育对于专科生、本科生、研究生和进修生的要求没有严格而且合理的区别，甚至一直使用相同的教材和教法，对于中医函授、夜大等在职高等教育也同样缺乏经验。社会上常常把中医院校毕业生与具有多年临床实际工作经验的医师相比，认为现在中医院校培养的学生不如传统师带徒的水平。王玉川针对这种情况发表了自己的看法。他认为："必须遵循实事求是的原则，充分肯定和珍惜已取得的成绩。"他说，"1949 年以来，我国中医药工作取得了伟大的成绩，这是必须充分肯定的。只有这样，才能使人们看到光明的前途，鼓舞中医药工作者的斗志，更加坚定为祖国的中医药事业奋斗的信心和决心。反之，如果把我国中医药事业描绘成一幅只见夕阳的悲凉景象，不仅不符合事实，而且还会使人感到前途渺茫而丧失信心，动摇整个中医界的斗志。”他主张，对于中医教育事业要实事求是，既要认识到当前存在的困难和问题，以引起人们更多关注，使各级卫生行政部门和有关单位看到中医改革取得的重大成就，克服忽视中医药学的现象，从而引导和鼓励中青年学者刻苦钻研、勇攀高峰、敢于创新；同时也要鼓励老中医药专家认真传授技术、经验，做好培养接班人和学科带头人的工作，促进并加强中医界本身的团结。

王玉川这些思想切中时弊，对我国中医教育事业的发展起到了很好的作用。

维护中医药形象
弘扬中医药文化

中医药的源头在哪里？从“神农尝百草始有医药”开始，中医药在我国已有7000年历史，中医药文化深深植根于中华古老的传统文化之中。

20世纪80年代，有些人为突出气功的作用，竟歪曲历史，宣扬中医药理论来源于“气功的实践”。王玉川自觉维护中医形象，针对社会上流传的错误观念，旗帜鲜明地表明立场：关于中医药理论的来源问题早有定论，它是我国劳动人民数千年来与疾病作斗争的过程中经历无数次实践而形成的，早已经否定了“医源于巫”的谬论。他认为，为宣传气功，抬高气功的身价，把气功凌驾于中医药学之上，杜撰出一个在中医药之上的“科学的科学”，这不仅违背了历史常识，而且连气功本身的来源也成了问题，岂不把气功和整个中医药学一起推向不可知论的深渊里去了吗？这既糟蹋了气功科学，又损害了中医药文化的形象，因此，我们不能任意改变关于中医药理论来源的表述。

王玉川十分珍惜现代中医药的形象，为此，他专门撰文从理论上加以澄清。他说：“任何科学都是随着社会进步而发展的，历史上每一次重大的科学发明创造，反过来又推动着社会的发展。科学和世界上任何事物一样，都是既守恒又不守恒，时刻处在运动变化之中的。中医药在历史上也是在不断变化中发展着的，现代中医的形象已经大大不同于古代的中医。”他在文章中写道：“作为一门具体的科学来说，都客观存在着一定的研究范围，从这个意义上讲，任何一门科学都是独立的，否则就不成其为一个专门的学科，这就是守恒。然而世界上又没有同其他科学绝缘的科学，任何一门科学又必然不是孤立的，都要在当时的社会和其他科学的影响下发生变化，不但在应用技术上、在理论上，以至于在研究范围和体系上都会发生不同程度的变化，这就是不守恒。科学就是在既守恒又不守恒、既不变又不断变化的矛盾中发展着的。在中医药学发展史上从来就有守旧与创新两种不同思想的斗争，它们都可以找出各自的论据为自己的主张辩护。然而，历史总是给那些因循守旧的人们以无情的嘲弄，中医药理论和治疗技术的发展就是不断创新的结果。”

有一种思潮认为，中医药在技术上可以变，但中医药的理论体系不能变。王玉川对此进行了批驳。他说：“这种看法是不符合历史辩证法和客观事实的。所谓‘体系’并不等于客观规律。客观规律是不随人的意志为转移的，而‘体系’在任何一门科学里都是人为的。人们既然可以为了认识事物和理解事物的需要把‘体系’建立起来，自然也应当随着社会发展、科学技术的进步而加以改变。所以‘体系’是暂时性的东西，而不是永恒的东西。中医药要不断发展，就必须放弃那种以为中医药学的可贵之处就在于它的‘体系’的观点。因为中医的特色是指它的符合辩证法的闪光的思想，也就是中医药理论中合理的内核，而绝不是中医理论体系本身。”

王玉川指出：“古书上的东西并非句句都是真理，中医理论不是越古越好，一根毫毛也不能动，甚至现代中医的形象必须同古代的一模一样，已经变了的也必须回复到古代的形象等等。这既抹杀了中医药发展的历史，又不符合当代中医的形象，只会将中医药引向死胡同，妨碍中医药的发展。”王玉川的见解有的放矢，一针见血，包含着深刻的思想。

治学博取精思　研究特立独行

王玉川在学术研究上特立独行，注重独立思考，不迷信权威，敢于向权威挑战。

1984 年，王玉川应邀担任《健康报》振兴中医刊授学院顾问，他应约撰写了《和刊院同学谈谈学习方法》一文，发表在当年《中医刊授自学之友》第一期上。他认为："没有独立自主的精神，做任何事情都不可能作出成绩。不要做教材的奴隶，要做教材的主人，这才能把前人的成就真正变成自己的知识。我们需要的是自己观察，自己思索，自己做主，那是一种独立思考的治学精神。"

王玉川认为，任何一门科学的发展都离不

开继承和创新两个方面，继承是基础，广搜博采前人的宝贵理论和经验以及现代人活的经验，把它们继承下来，为我所用，在继承的基础上才可能发现新的东西，才可能创新。王玉川谆谆告诫同学们：“经典是一个取之不尽、用之不竭的宝库。从古到今，任何一个成功的医家都要熟读经典，要在经典上下工夫，打好基础，这样才能成大医。”王玉川认为，今人对前贤著作的继承是很不够的，继承前人的东西，更重要的是要加以发挥，并不断有新的创造。

王玉川把中医学看成是一门历久弥新的学术文化。他从自己承接岐黄薪火、继承中医衣钵的研究中体会到：中医的生命在于学术，学术的根源来自临床，临床水平的检验在于疗效，而疗效的关键在于人才。他从研究中医药发展的历史发现，每一个学说的出现都是以临床大家的突出贡献和卓越成就为标志的，如仓公、扁鹊、华佗、张仲景、孙思邈等都是代表一个历史时代的。承古而不泥古，注重创新是贯穿王玉川研究中医理论的一条主线，在他半个多世纪的从医生涯中，他对中医形成了独到的看法，那就是中医学远远不只是一种医疗技术，它是一门博大精深的学问。王玉川这种掷地有声的学术思想，彰显出一代中医大家的精神高度。正是王玉川这种创新精神，使他在中医基础理论研究领域屡获开创性的突破，使他的学术研究不断跨越一个又一个的学术高峰。

王玉川经常说："创新是硬道理，是科学技术的生命线。"多年来，辨证论治被视为中医特色的重要标志，他认为这种提法并不合适。他在 1999 年第三期《中医教育》上发表了《关于"辨证论治"之我见》和《关于"同方异治"之我见》两篇学术文章。他认为，辨证论治的统治地位是在牺牲了"同方异治"的宝贵经验，扼杀了寻找广谱有效方药的热情之后才取得的，辨证论治的观念使人们的思维陷入一种恒定不变的公式中，在辨证论治的圈子里打转，与创新的客观要求越来越远。他认为，那种认为辨证论治可解决一切问题的思想“是一种现代迷信”，是只求稳定不求上进的表现。

1998年他在《北京中医学院学报》第六期发表了《关于“有是证用是方”的反思》一文，否定了“有是证用是方”的思想，明确指出这种原则是不对的。这种方证对应关系是建立在方药性味功能推测出病理状态的基础之上的，在方药功能固定的前提之下，以方测证的结果虽然符合方证相对的原则，但是任何一味中药都含有多种有效成分，它们的药理作用也往往是多方面的，两味以上组成的复方则更为复杂。所以“以方测证”本身就不是什么正确可靠的唯一科学方法。如果我们停留在这个水平上就永远也不会有所发现，有所前进，方证之间相互关系的谜团也就永无解开之日。

博综典籍　穷研《内经》承古开今

《黄帝内经》是我国现存最早的医学典籍，全书包括《素问》和《灵枢》两部分，共 18 卷 162 篇。《黄帝内经》总结出了较为系统、完整的医学理论和治疗原则，创立了具有中华民族医疗特色的中医药学理论体系。《黄帝内经》问世以来已经被翻译成日、英、法、俄、德等多种文字，世界上许多国家的医学家、史学家和科学家对它不断进行阐释和研究，国际针灸组织还把《黄帝内经》列为必读的参考书，它是我国传统医学对世界医学发展的独特贡献。

王玉川从 60 多年前第一次通读《黄帝内经》起，就陆续翻阅了大量中医典籍，考证通释这部经典著作，写下了几百万字阅读笔记和释义，为完善内经学说洒下了滴滴汗水。他通过研究发现，《黄帝内经》成书之前是多种学派和学说并存的时期，各学术流派各有自己的见解和主张，各有自己的成就和贡献，《黄帝内经》是当年学者们从自己临床经验出发，开展广泛学术争鸣的真实反映。由于各种学说的互相渗透，彼此影响，以及脱文、错简、并合成篇等历史原因，甚至在同一篇中出现两种不同观点和截然相反的解释，不仅令人费解，而且使初学者概念模糊。为此，他整理了自己的笔记和校释，自1979年以来，先后在《中医杂志》《北京中医学院学报》等多家报刊上发表了30余篇论文，计30余万字。他对《黄帝内经》研究的许多学术观点成为这一学科领域的重大理论创新，得到全国中医药学界的承认和赞誉。

1982年，山东中医学院等编著的《黄帝内经素问校释》一书，请王玉川作主审专家，书中 18 处引用了王玉川的学术观点。

1993 年，他的重要著作《运气探秘》由华夏出版社正式出版。他对阴阳学说的演变、气血循环理论、五行学说、运气学说等的研究，得到了中医界专家同行的认可和赞誉。中国中医科学院孟庆云认为，王玉川对阴阳五行的论述和对经络理论的演进是超越前人的理论创新和发明创造。他对五运六气源流原理的认识，劈莽出新，有超拔之功。

阐述“三阴三阳”深化阴阳学说

《黄帝内经》提出了“阴阳五行学说”，并将其具体用到医学上，阐明了人体结构、生理现象、病理变化之间对立统一的关系，具有朴素的唯物主义思想。经过长期的临床实践检验，医家普遍认为“阴阳五行学说”具有一定的实际意义，但由于历史的局限，难免有偏颇之处。

20 世纪 50 年代以来，中医界对阴阳学说的渊源、基本内容、性质、作用与地位等进行了整理和分析研究。在各种中医理论的教材和专著中，阴阳学说的基本观点被归纳为：自然界一切事物均可被分为阴阳两大类，阴阳是万事万物的根本。80 年代以后，学术界进一步从多学科来论证阴阳学说的科学性，许多学者从控制论、系统论、信息论的角度来分析阴阳的对立、依存、消长、转化，阴阳学说的科学性不断被从各个角度加以证实。

1985年，《北京中医学院学报》发表了王玉川的学术论文《关于“三阴三阳”问题》，《中医教育》同时发表了他的另一篇考证通释阴阳学说研究成果《中医阴阳学说发展史浅说》，在中医界引起了巨大反响。

阴阳源于《周易》，它本是我国古代朴素辩证法的基本概念，属于哲学的范畴。在其演变过程中，逐渐被援引到各种学科中，成为古人认识世界、分析事物的最基本的理论工具。其中对医学科学有用的部分，也被古代医学家所汲取，并按照医学的需要，作了相应的补充和改造，从而成为中医理论的重要组成部分。王玉川首先考察了阴阳学说的演变过程。他发现，中医阴阳学说最初是从古代哲学阴阳学说移植而来，医学毕竟不同于哲学，中医阴阳学说的历史并不等于哲学阴阳学说的历史，更不可能同步发展。学术上的移植和渗透是一个由少到多、由简单到复杂的过程，医学要借鉴它，也要从较为简单的部分入手，才能逐渐变为自己的东西。因此，中医阴阳学说的发展过程应该是有阶段可分的。王玉川通过对阴阳学说的长期研究得出中医阴阳学说演变的四个阶段：早期阴阳说阶段、太少阴阳说阶段、“三阳三阴”说阶段、“三阴三阳六气”说阶段，这四个阶段基本上勾画出了中医阴阳学说发展史的大概。

“三阴三阳”无疑是古代医学家的创造，王玉川认为，《黄帝内经》的许多篇章，除了对《周易》老少阴阳的普遍应用外，还可以发现另一些问题，那就是随着中医学的发展，《周易》的那套办法变得越来越不够用了。尤其是到了古代医家在人身上发现许多颇不寻常的生理现象和病理变化规律的时候，在发现了脏腑经络与自然界的种种变化有着更为复杂的联系的时候，那种阴阳各分老少的方法已远远满足不了理论上的需要，勇于创新的医家们突破了旧框框的束缚，对“阳明”和“厥阴”提出了新的解释，使原来的“二阴二阳”变成了“三阴三阳”，即太阴、少阴之外又有厥阴，太阳、少阳之外又有阳明。“三阴三阳”的命名是以阴阳之气的盛衰多少为依据的。王玉川在《黄帝内经》的《阴阳别论》《经脉别论》等许多篇章里发现，厥阴为一阴，少阴为二阴，太阴为三阴；少阳为一阳，阳明为二阳，太阳为三阳。“一、二、三”较之“老、少”更能精确地表述数量和层次上的关系。“三阴三阳”只是一种计量标准，标准本身并不是具体事物，但它却可以应用于各种事物，以表明该事物的数量和层次。因此，阴阳各分为三是古代医家为了适应医学发展的需要，对于那种在理论上和实践上都显得粗疏的专业标准的一种改进。“三阴三阳”这个标准的确定是为更精确地区分阴阳、盛衰，以利于分析自然界的种种变化和人体的各种生理、病理现象以及人体和自然界之间的密切关系。“三阴三阳”在中医学的发展史上，无疑是一次重大改革，对于中医理论的建设和医疗技术的进步产生了巨大的促进作用和深远影响。

王玉川指出：古代医学家在运用“三阴三阳”分析事物的时候，由于具体的对象、观察的角度和表述方法上的差异，出现了多种多样各不相同的排列次序，而不同的排列次序又有着不同的含义。因此，把这些不同的“三阴三阳”的具体含义和实用价值搞清楚，并进一步应用现代新技术、新方法阐明它们的实质，无疑是十分必要的。据他的初步研究，在中医古籍中有 29 种不同次序的“三阴三阳”，可以归纳为经脉生理特性及其层次类、经脉长短和气血盛衰类、病理反应类、脉诊部位类、日周期类、旬周期类、年周期类、六年至十二年周期类等 9 大类。通过对 29 种“三阴三阳”的探讨，他提出了以下四个重要观点：

第一，“三阴三阳”是阴阳学说的重要组成部分，它既是表述阴阳的层次标准，又是说明事物生长衰亡运动节律的理论。“三阴三阳”的次序不同，其意义亦异。“三阴三阳”次序的多样性，反映了人体和自然界的物质运动，存在着多种多样各不相同的节律周期。

第二，《素问·脉解》篇关于“三阴三阳”经脉与月份相关的配属方法，纯粹是生搬硬套《周易》的理论，导致了与客观实际不符的结论，是应该淘汰的理论。

第三，《灵枢·阴阳系日月》是介乎《足臂十一脉灸经》《阴阳十一脉灸经》和《灵枢·经脉》之间的过渡型之一，它关于经脉与时间相应的配属关系，也是应废弃的理论。

第四，六气正对化的理论是经络脏腑同以十二支作为代号的“三阴三阳六气”之间配属关系的总结。

精研“五行互藏”填补五行学说空白

王玉川精研五行学说，他从生物全息论的角度提出“五行互藏”是一种典型的五行全息思想。他认为，在每一“行”中都有整个五行模型的缩影，他把这种“五行互藏”理论称为五行全息论。

五行学说的科学价值及其存废问题，在学术界一直众说纷纭，长期争论不休。随着系统论、控制论、信息论以及耗散结构理论等新兴学科在中医学术领域的研究应用不断深入，古老的五行学说又恢复了名誉。王玉川在精研五行学说的同时，看到在五行归类、生克、制化以外的如“五行互藏”的一些内容已被遗忘，无人问津，成为五行学说里的一个空白，使五行学说残缺不全，对这一学术状况深感忧虑，认为必须加以改变，否则无论应用什么样的方法，对五行学说进行什么样的研究，包括与之密切相关的脏腑实质研究，都不可能得出全面的正确认识。因此，他从1979到1984年，在《中医杂志》和《北京中医学院学报》先后三次发表研究成果，着重阐明了“五行休王”古代的时间节律学说和“五行互藏”中医学的全息论思想。

王玉川认为，“五行休王”，或称“五行囚王”是我国古代医家关于自然万物和人体的五行精气活动节律及相互关系的一种学说，是古代医家在研究人体脏气活动节律与外界自然环境相关的过程中逐步形成的。人体生理活动的“五行休王”是以脏气活动节律与相应的四时五行节令同步为前提的，必须与四时五行节令的步调同一才能维持健康。古人采用“休”、

"王"、"相"、"死"、"囚"五个字作为五行精气不同量的代号。人体的生理节律是客观存在的，而"五行休王"是人体生理活动节律的一部分，对诊断疾病、判断病势的进退、转归和预后等都有一定的指导意义。

"五行互藏"即是指五行的任何一行中又有五行可分，它是为说明物质世界纵横交错的复杂关系而建立起来的理论，在揭示事物无限多的层次和无穷可分的特征方面，与阴阳学说是互通的。王玉川指出：从生物全息论角度来看，"五行互藏"实质是一种典型的五行全息思想。在每一行中又有整个五行模型的缩影，因此，可以把这种"五行互藏"的理论简称为五行全息论。他说，现代研究已经证实，目、舌、面、鼻、耳、手、足等都是一个全息元，是全身结构和功能的一个缩影。人体结构的"五行互藏"在科学研究和临床实践上有着十分重要的意义。"五行互藏"与"五行归类"既有区别，又有联系。“五行归类”是人们为了要认识千变万化、错综复杂的事物及其相互关系而创立的类分方法；“五行互藏”则是在此基础上进一步揭示事物内部更深层次的类分方法。如果说“五行归类”着眼于整体，是宏观宇宙结构模型的话，那么“五行互藏”可以说是着眼于局部的微观宇宙结构模型。微观与宏观、局部与整体都是对立的统一，两方面的研究都是人类认识自身并与疾病作斗争所必需的。所以“五行互藏”是五行学说不可缺少的重要组成部分，应给予必要的重视。

王玉川在文章中写道：体质是机体所有的各种特点，包括肤色体形、脏腑气血、生理机能和精神、性格等各方特点的总和。古代的医家在两千多年前就采用“五行五脏”的理论和方法，提出了体质学说阴阳二十五人，根据人们的肤色、体形、性格等一般特点所表现的错综复杂的体质现象，分析归纳为“木形之人”、

"火形之人"、"土形之人"、"金形之人"、"水形之人"等五大类型。在五大类型中又各区分出五个小类型，五五相乘，共有二十五种体质类型。如果说五形之人是体质学说的"纲"，则二十五人是体质学说的"目"。有纲有目，条理清楚，提纲挈领，便于掌握和应用。由于历史的局限，"阴阳二十五人"体质类型学说的某些具体内容还有不够精确、不够完备的地方，需要进一步改进。但是迄今为止，在中外医学史上的一切体质类型学说，从古希腊的希波克拉底的气质学说，到苏联生理学家巴甫洛夫的神经类型学说都没有能达到像"阴阳二十五人"体质学说那样细致全面的水平。因此，王玉川认为"五行互藏"的理论在医学科学上仍具有重大意义。

纠正味脏理论
重解归经学说

1988年，《北京中医学院学报》第一至第三期发表了王玉川的《五脏祭五行五味及其他》。文中写道："五四"运动以来，一些研究医史的学者开始把儒家古文经学和今文经学的学派之争引进到医史领域，经为五脏配属五行之法，在经学的五脏祭里，既然有两种截然不同的说法，那么在医学里也必然经过与之相应的两种配法。显然这是医术必然服从儒术的观点。近年来，又进一步纠缠到儒家托古改制的问题，认为医学的五脏配五行说，一定要随着王朝改制而改变。史学的结论不能以主观推断来决定，重要的是真实可信的历史证据。如果随便抓住一点，便认定五脏属性必随帝王改制而改变的话，那么医学家就得不断修改理论，这是一个荒唐的结论。

王玉川在研究《黄帝内经》时发现了味脏理论与归经学说，提出了不断发展的味脏理论。五味入五脏，五谷五畜配五行理论虽是五行学说的内容之一，但其中亦有很多臆测的成分，特别是由此引申出来的归经理论，随着中药学的长足进展，愈来愈显得苍白无力。

酸入肝、苦入心等，一种味只与一个脏器发生直接联系的观点，无疑是早期的理论，与客观实际存在较大的差距。成篇较晚的《素问·脏气法时论》和《素问·至真要大论》等所说的一种味与多个脏器发生直接联系的说法，即是后来在临床实践中观察到的实际情况。有所发现，即有所记载，故其说与老观点多有矛盾。没有发现，即无记载，故肝与苦、咸无关，心与辛无关，肺与甘、咸无关。事实上并不是无关，而是当时尚未发现的缘故。

味脏理论的混乱对中药学理论影响很大，主要表现在药物归经方面。药物归经的理论原是以药物的功效为依据的，是通过脏腑辨证用药，从临床实际疗效中总结概括而成的。可是以往的本草学家们说它是以五味入五脏的理论为基础的。王玉川通过对全国统编的第二版、第四版《中药学讲义》中的中药归经进行统计，发现酸味专入肝者仅占9%～11%，苦味专入心者仅占1.14%～2.5%，甘味专入脾者仅占5.87%～7.95%，咸味专入肾者只占11.7%，充分说明了一种味专入一脏的比例很低，五味专入五脏的说法是不全面的。因此，一种味与多个脏器发生联系的观点，才是《黄帝内经》味脏论的主要精神。

对《内经》气血循环理论的独特见解

1991年，《北京中医学院学报》第二至第三期发表了王玉川的《浅谈经脉气血循环理论的发展演变》，表达了他对《内经》气血循环理论的独特见解。

王玉川在研究中发现，《黄帝内经》的经脉气血循环理论，不但与《足臂十一脉灸经》《阴阳十一脉灸经》有渊源关系，而且在《灵枢·经脉》成书之前，存在一个多种学说并存的过渡时期。此期的经脉气血循环学说约有四个不同的流派，他们各有自己的主张和见解，各有自己的成就和贡献，这无疑是古代医学家为建立经脉气血循环理论从各自的临床实践经验出发，各抒己见，开展学术争鸣的真实反映，而《灵枢·经脉》成书则是这次争鸣的终结。

王玉川提出，经络树学说是《黄帝内经》的第一种经脉血循环理论的生命线，客观存在是以植物根茎枝叶，比喻人身经脉和络脉的一种学说。《灵枢·根结》和《素问·阴阳离合论》所说的“三阴三阳”、“六经根结”和“开合枢”，以及《灵枢·卫气》所说的十二经标本、气街等即是经络树在《黄帝内经》中的主要内容。“根结”和“标本”是取象于树木的两种说法，虽词不达意，然而实际基本相同。在经络树学说里，经络的“根”或“本”均在四肢末端，“结”或“标”则皆在头、胸、腹部位。经络路线依然保持着帛书两篇《足臂十一脉灸经》《阴阳十一脉灸经》十一脉向心性循行方向。营卫气血是以阴出于阳、阳入于阴和里出于表、表入于里的方式，在阴阳经脉之间与形体表里之间出入循环流动着的并受自然变化的影响，而有白天充盛于肌表、夜晚充盛于内脏的昼夜盛衰规律。“六经根结”和“三阴三阳”表里出入的“开合枢”理论，大概是经络树学说的早期理论。六经标本的六经皮部是“六经根结”和“开合枢”理论的发展，是经络学说的后期理论，而皮部浮络与脏腑的关系以及气街的生理、病理、证候、治法，则对后世经络、腧穴、针灸学说的发展有着重大影响。

王玉川认为，大约在经络树学说表里循环论建立的同时，即有第二种经脉气循环学说问世。这第二种循环理论的构想是在人身一小天地即小宇宙观念指导下产生的。

王玉川指出：阴出阳入的经脉气血循环理论是在手足三阴三阳十二条经脉全部发现，经与脏腑的配属关系完全确定之后创立起来的。这种理论的产生较前两种学说要晚，在阴阳经脉气血循环理论的发展过程中属于第二个阶段。

阴出阳入的血气循环理论提出了“阴者主脏，阳者主腑。阳受气于四末，阴受气于五脏”的观点。十二经脉中的气血，就是如此循环运行的，即以五脏为中心，阴经主出，阳经主入，故称为阴出阳入循环学说。在这种学说里，阴经与阳经首尾相互交接，所以“阴出阳入”在字面上与经络树学说的“在阳者主入，在阴者主出”似乎相同，而实质上是完全不同的。

王玉川发现，第四种经脉气血循环理论始于中焦，由肺手太阴之脉至指端，再由大肠手阳明之脉返回内脏，最后由肝足厥阴之脉上注于肺脉，形成手足阴阳表里十二经脉首尾衔接的大循环理论，它是当时关于经络气血循环问题开展百家争鸣的总结和发展。

王玉川认为，十二经首尾衔接大循环学说是阴阳经脉的气血循环理论中最重要的一种，《黄帝内经》的许多篇章都是以此为基础定成的，这种出现于经脉气血循环理论发展过程最后阶段的学说，在《黄帝内经》经络理论中占有主导地位，被看成是中医理论体系中独一无二的经脉气血循环理论。

追根溯源
探秘运气学说之谜

新中国成立后的17年，医学界将运气学说作为历史加以探讨，追溯其源起和演变，其中以范行准的《五运六气说的来源》一文影响较大。

1959年，任应秋著述的《五运六气》一书是现代第一本运气学说的入门之书。1962年，胡海天在《广东中医》发表连载文章，做“五运六气”的讲座，在中医界亦有一定的影响。在当时对运气学说有存、废两种意见的情况下，中医界对这一问题出现了争议。1966年之后，五行学说和运气学说遭到批判，直到80年代，运气学说才又重新登上大雅之堂。

1993年，王玉川编著的《运气探秘》由华夏出版社出版，他探讨了五运和六气的体系问题，指出了平气概念的重要性，从西汉的灾害性天气论证了运气学说的科学性，阐发了《素问·遗篇》的学术价值。他的研究成果代表了当时中医界的最高水平。

王玉川根据《素问》有关篇章的记载提出，运气学说是古代医家为防治周期性流行病和多发病而总结创立的一门学说，对中医理论和临床诊疗技术的发展，影响极为深远。后世许多著名的医家，对此做过研究，并续有补充和发挥，但是对于运气学说体系本身的研究还没有引起足够的重视。

王玉川首先对运气学说的体系进行了深入研究，他发现，五运和六气开始是两个不同派别的学说，五运的起源较六气早得多。五运学说本身有一套变化周期和推演测算的公式，并有比较全面而明确的研究范围以及完整的理论体系，在《素问》中有很多论述可以证明。由于五运和六气各有一套自成体系的理论，它们又有着共同的研究对象，后来因客观实际的需要，通过学术交流，彼此影响，相互渗透，逐渐融合为一个体系，统称为运气学说。

不同派别的学说相互渗透、结合，是科学技术取得突破性进展的重要途径之一，从这个意义上讲，五运与六气两个不同派别的学说相互结合则是中医理论不断发展的成果。

王玉川认为，五运与六气结合的根本原因是它们的对象完全相同，但要使两个理论体系不相同的学说结合在一起，形成一个统一的新学说也不是轻而易举的事情。他从《素问》中看出，五运与六气结合的过程基本完成，并创立了不少新的名词和术语，扩大了应用范围，但它还没有把二者真正融为一体，还没有达到天衣无缝的境地，因而留下了不少结合的痕迹，在理论上显得不够严谨。五运在《素问》七篇大论的运气学说体系中，实际上仅仅保留了主岁的大运的作用。这是为了要使两种学说结合在一个体系不得不有所取舍，不得不来一番改造制作。如果把两者原有的内容不分主次，不加取舍，全部糅合在一起，不但头绪过多，而且无法构成一个统一的体系。王玉川指出，后世的医家由于不完全了解运气学说的历史，把《素问》运气学说抛弃了的五运客主加临的方法重新抬了出来，这实在是辜负了《素问》作者的一片苦心。

王玉川对平气理论进行了分析，指出平气是运气学说的一个重要术语，它涉及的面很广，对运气的推算结论具有举足轻重的作用。从《素问》的记载来看，平气的概念还比较清楚，推算方法较为简单，但也多有重复和矛盾之处。后世学者的平气理论，虽说上承《素问》而有所发展，实则与《素问》颇多抵触，因此难以自圆其说。近来出版的有关论著大多因循前人旧说，间或有所损益，往往顾此失彼，并没有真正解决问题。王玉川认为，《素问》的平气概念是指相对于“太过”和“不及”而言，既非太过，又非不及，则叫做平气。后世医家对于《素问》平气的概念，似乎并无异议。但是对于平气的构成条件和推算方法却与《素问》颇多分歧，这是因为对原则的认识一致，并不意味着对具体事物的见解必然相同。平气的传统理论包括它的推算方法是运气学说中最不合逻辑的繁琐的理论，它不仅给运气学说造成了极大的紊乱，而且还给其涂上了一层厚厚的神秘色彩。

王玉川对从西汉穗帝二年（公元前 193 年）到汉平帝元始四年（公元 4 年）前后历时 197 年间 65 次灾害性天气验证研究进一步证实，运气学说有它一定的科学性和实用价值，但也暴露了运气学说的某些不足。即按照运气学说的理论，灾害性天气应该发生而实际上并没有发生的年份较之发生了的年份要多得多。他得出的结论是：运气学说有它一定的科学性和应用价值，但很不完善，只能用它来解释已发生的反常气候，却不能作为预报天气变化的理论来使用。

王玉川充分肯定了《素问·遗篇》在运气学说中的重要地位。《素问·遗篇》系指《本病论》和《刺法论》两篇文论，宋代以后始见。《素问·遗篇》自从被宋臣林亿等以“辞理鄙陋，无足取者”八个大字做了彻底否定的判决之后，900 多年来，一直难有出头之日。其间虽有个别专家也看到了《素问·遗篇》里的某些有价值的材料，但最终还是作了一笔抹杀的结论。王玉川认为，不应以文辞雅俗作为判断学术的唯一标准，《素问·遗篇》的最大成就是突破了《素问》七篇大论的旧框框的束缚，提出了许多独到的新见解，在运气学说的发展史上写下了光辉的一页。虽然其中也难免掺杂一些虚构的东西，但《素问·遗篇》的学术价值是不容否定的，它对运气学说的发展有积极意义。

静以养神　大德增寿

中医养生学是中华民族优秀文化的一个重要组成部分，历史悠久，源远流长。《黄帝内经》共 162 篇，把养生放在首要位置，强调防重于治。《内经》以“渴而穿井，斗而铸锥”为比喻，说明“病已成而后药之，不亦晚乎”的道理，突出“不治已病治未病”的预防思想。王玉川对《黄帝内经》学术的传承还体现在他对中医养生学的重视与研究上。

王玉川退休后仍然每天 8 点到办公室，中午回家稍事休息，下午又回来。做自己的事，看自己的书。这种安静的心态是养生的大境界。

王玉川认为，在机体新陈代谢过程中，各

种生理功能都需要神的调节，故神极易耗伤而受损，养神尤为重要。《素问·病机气宜保命集》中指出："神太用则劳，其藏在心，静以养之。"所谓"静以养之"主要是指静神不思、养而不用，即便用神，也要防止用神太过。王玉川认为，清静养神是以养神为目的，以清静为大法。只有清静，神气方可内守。清静养神原则的运用归纳起来不外有三：一是以清静为本，神静而不用，即所谓"恬淡虚无"之态；二是少思少虑，用神而有度，不过分劳耗心神，使神不过用；三是常乐观，和喜怒，无邪念妄想，用神而不躁动。这些养生原则在传统养生法中均有所体现，如调摄精神诸法中的少私寡欲、情志调节；休逸养生中的养性恬情；气功、导引中的意守、调息、入静；四时养生中的顺四时而养五脏；起居养生中的慎起居、调睡眠等。

王玉川深谙养生之道，他这样总结，历代养生家都非常重视七情调摄，归纳起来可分为四法：一是节制法，就是调和、节制情感，防止七情过极，达到心理平衡。《吕氏春秋》说："欲有情，情有节，圣人修节以止欲，故不过行其情也。"只有重视精神修养，节制自我感情才能维护心理的协调平衡。二是疏泄法，则是把积聚、抑郁在心中的不良情绪，通过适当方式宣达、发泄，以尽快恢复心理平衡。三是转移法，即通过一定的方法和措施改变人的思想焦点，或改变周围环境，使其与不良刺激因素脱离接触，从而自情感纠葛中解放出来或转移到另外的事物上去。四是情志制约法，根据情志及五脏间存在的阴阳五行生克原理，用互相制约、互相克制的情志来转移和干扰原来对机体有害的情志，以达到协调情志的目的。性格开朗、精神乐观是长寿的法宝。情绪稳定对一个人的健康起着重要作用。性格开朗，活泼乐观，精神健康者，不易患精神病、重病和慢性病，即使患了病也较易治愈，容易康复。

王玉川倡导立志健魄、大德增寿的养生观。他说："正确的精神调养，必须要有正确的人生观。只有对生活充满信心，有目标、有追求的人，才能很好地进行道德的修养和精神调摄，更好地促进身心健康。因此，养生首先要立志，要树立起生活的信念，对生活充满希望和乐趣。科学证明，人的内在潜力很大，充满自信心、顽强的意志和毅力是战胜疾病极为重要的力量。树立理想，坚定信念，充满信心，量力而行，保持健康的心理状态是养生保健的重要一环。"

他说："养生必须从整体出发，注意生命活动的各个环节，全面考虑，综合调养。要着眼于人与自然的关系，以及脏腑、经络、精神情志、气血等方面，要顺四时、慎起居、调饮食、戒色欲、调情志、动形体。要从各个不同方面对机体进行全面调理和保养，使机体内外协调，适应自然变化，增强抗病能力，避免出现失调、偏颇，以达到人与自然、体内脏腑气血阴阳的平衡统一。”

1993年，由王玉川主编、刘占文等参加编写的《中医养生学》出版。该书阐释了人类生命的发生发展规律，预防疾病、增强体质、益寿延年的基础理论和方法，内容包括上篇、中篇、下篇三部分。上篇为中医养生学的基本理论，主要有绪论、发展简史、养生学的基本理论和基本原则等；中篇为常用的养生方法，主要有精神养生、环境与养生、起居作息与养生、睡眠养生、饮食养生、房事与养生、运动养生、浴身保健、娱乐养生、保健针灸按摩、药物养生等；下篇为审因施养，主要有因人养生、体质养生、部位养生、因时养生和区域养生等。这部《中医养生学》的问世成为中医养生康复专业一本重要的必修课教材。

破解河图洛书之谜

我国改革开放后，由于“易学”热的兴起，河图洛书骤然升温。有人认为，河图洛书是中医学理论的根蒂，诸凡阴阳变化、五行生克、人与自然的关系、脏腑经络、营卫气血的生理病理，乃至养生防病等，都是通过河图洛书原则的应用体现的。对此王玉川则不这样认为。他对河图洛书进行了深入研究，1992 年《北京中医学院学报》第二期发表了他的《我看河图洛书》一文。

1993 年他的《运气探秘》出版，再次就河图洛书提出了自己的学术观点。王玉川通过长期研究发现，在先秦古籍中最初只有河图，并无洛书之说，《尚书顾命》之河图即是江河山川的地图。河图洛书是祥瑞物之一，是帝王受命之符，是出土甲骨。

王玉川认为，河图洛书是由祥瑞说转变而来的神话，其发生年代可追溯到先秦，而盛行于汉代。《管子》《论语》书中的河图洛书不过是兆示天下一统、万民和喜的祥瑞物，到了《墨子》那里，就变为上帝命有道者征伐无道者的天书。王玉川认为，古代易学家无不以为《周易·系辞》“河出图，洛出书，圣人则之”即是八卦取法于河图洛书的证据，他们的解释虽有分歧，但都以为河图与龙马有关，洛书与神龟有关，都带有浓厚的神秘色彩。所谓的龙马、神龟，实际上即是卜骨和卜甲。河洛是泛指人们居住过的地区，不必专指黄河和洛水。图书则指出土的甲骨，甲骨上的钻灼裂纹即兆枝，被称为图；刻画在甲骨上的卜问纪录和数字组成的符号，就称为书。现代考古学家公认，甲骨上的数字符号即是当时揲蓍结果的纪录，又是画卦之依据。“河出图，洛出书，对人则之”这句话表明，由八卦相重而为八八六十四卦，并进而讲究三百六十四爻，与甲骨刻辞的再研究有着相当密切的关系，河图洛书就是秦汉之际易学研究者们替甲骨起的别名。西汉末年和东汉时期的儒家，不知河图洛书即是甲骨的别名，但又必须对“河出图，洛出书”作出解释，于是就产生了许多牵强附会的说法。

王玉川经过深入研究进一步指出：河图洛书是象数的基础，有人把河图洛书看做古代科学技术的顶峰，是包罗万象永远不会枯竭的自然科学宝库；也有人以为讲解河图洛书都是捕风捉影，不值得一提，王玉川则认为这两种极端的看法都是片面的，不足为取。作为说《易》的工具、象数学基础的河图洛书，犹如无所不容的聚宝盆，它已经不再是隋唐以前的河图洛书。在其发展过程中，已经把各种各样的知识和学说，无论阴阳家的还是五行家的，无论是自然科学的还是社会科学的甚至是哲学的都吸收了进去，经过漫长岁月的积累演化，成了一个包罗万象的巨大无比的体系。医学家、天文历算家、儒家、道家、佛家，乃至预言家、命相家、风水家都可以使用它。这如同现代电子计算机，可以为各行各业和科学工作者服务，也可以用作算命、问卦、预测吉凶等活动的工具，而这些功能并不是计算机本身所具有的。

国医大师　众望所归

如今耄耋之年的王玉川仍担任着北京中医药大学顾问和终身教授。他是学问大师，著作等身，为人处世却宁静淡泊、不慕荣利、虚怀若谷、淳朴无华，真正做到了如古人所言“学然后知不足”、“惧满溢，则思江海下百川”。在王玉川身上体现出的一种精神，是中国传统文化所推崇的平民知识分子精神、圣贤精神。这是从五千年中华民族文化精神之树上开出的灿烂花朵，是从孔孟、老庄、扁鹊、华佗等无数布衣知识分子身上薪火传承下来的高贵文脉。这种文脉是我们的国魂，是中华民族世代相传的精神支柱。

在北京中医药大学行政办公楼位于二楼最西面朝阳的一间办公室就是王玉川的工作室。他每周到学校一两次，在办公室里看看资料，接受相关部门的咨询，或者接待事先预约的来访者。他的办公室整洁、简陋，不到20平方米的空间里放着一张办公桌、一个沙发、一个书架。书架上有很多书籍，其中有一本1964年由上海科学技术出版社出版的第二版《内经讲义》，这是他当年亲自主编的。这本纸张发黄的书称得上弥足珍贵，它记录和见证了王玉川一生的智慧与心血。

王玉川从事临床、教学和中医文献研究60余年，在中医药学界，他是最早研究《黄帝内经》理论体系、学术内涵的中医学家，他对阴阳学说的演变、气血循环理论、五行学说、运气学说、河图洛书等研究均作出了突出成就和重要贡献。中国中医科学院孟庆云这样评价："王玉川是重要的中医学家，在当代中医学界，他在理论上的贡献是少有的。”

在临床传承上，王玉川常依据自己扎实的文献功底，从古典医籍中总结大量临床用药知识以示后人。他常言：学习中医必须早临床、多临床，在临床实践中不断提高和发展诊治能力，除此之外，没有更好的手段。他指出，临床不应为方证相对所束缚，而应该勇于尝试，探索能治多病的方剂，勇于找寻一方多治的方剂。但他不忽视理论，善于总结临床经验，将之上升为理论，或以之反馈于理论，而后再应用于临床。他尖锐地指出，与其投入大量人力物力研究辨证论治规律，不如研究同方治异证的机制，这样更能得出真正称得上创造性的成果。

王玉川辛勤耕耘60余载，甘为人梯，提携后学，桃李芬芳，被誉为不图名利的一代楷模。他同时又是一个敬业的医生，从青年时代起就悬壶济世，为百姓解除疾病的痛苦。他擅长治疗中医内科各种疑难杂症，如心血管疾病、风湿病、血液病。临证时精心审视、一丝不苟，遣方用药，疗效卓著，深受患者欢迎。

2009年，我国第一次在全国范围内评选国家级中医大师，他与其他29位老中医一起由人力资源和社会保障部、卫生部、国家中医药管理局评选为国医大师。但对他来说，最大的荣誉是来自一个又一个患者的信任，最欣慰的是看到中医学得以不断传承和发展。因此，当王玉川得知自己被推荐为国医大师候选人时，便向北京中医药大学组织部门明确表示不参与此项活动的评选，坚决不同意上报他的有关材料。北京中医药大学领导为此亲自登门，做说服工作。然而学校在收集、整理他的上报资料时却困难重重，因为很难从报刊资料上查找到有关王玉川的活动记载，因为他为人做事一向低调。当王玉川当选国医大师的消息传来时，面对人民给予的崇高荣誉，他依然很平静地说：“这没什么，我也没做多少工作。”因为被评为“国医大师”，他再次成为媒体的焦点人物，然而新闻记者却很难找到他的行踪。2009年6月19日，在北京隆重举行的国医大师表彰大会上，许多获得国医大师称号的老中医有的由家人陪同，有的坐在轮椅上由工作人员推上台去领奖，人们却没有看到王玉川的身影。

王玉川一生献身于中医药事业，成为一代中医学名师，践行着一个医学知识分子“为往圣继绝学”的历史使命。如今，已进入耄耋之年的他，依然每周会有一天走出家门，胸前挂着一张乘车卡，在车水马龙的京城大街上等待215路公交车驶来，然后跟着排队的乘客一起上车，驶向北三环北京中医药大学方向。

（撰稿人　沉　沙）

《中华中医昆仑》丛书 150 位医家名录

（按生年排序）

张锡纯	丁甘仁	萧龙友	王朴诚	恽铁樵
曹炳章	冉雪峰	谢　观	施今墨	汪逢春
孔伯华	黄竹斋	吴佩衡	蒲辅周	陈邦贤
李翰卿	李斯炽	姚国美	陆渊雷	张泽生
时逸人	张梦侬	叶橘泉	王聘贤	陈慎吾
邹云翔	赵炳南	承淡安	余无言	刘惠民
岳美中	沈仲圭	秦伯未	赵锡武	韦文贵
程门雪	黄文东	赵心波	董廷瑶	吴考槃
章次公	石筱山	陆南山	张赞臣	李聪甫
刘绍武	陈存仁	朱仁康	陆瘦燕	姜春华
韩百灵	高仲山	李克绍	王鹏飞	刘春圃
金寿山	哈荔田	何世英	周凤梧	干祖望
关幼波	王为兰	任应秋	罗元恺	祝谌予
杨医亚	郭士魁	何时希	耿鉴庭	俞慎初

裘沛然	顾伯华	江育仁	邓铁涛	门纯德
刘渡舟	尚天裕	朱良春	李玉奇	程士德
尚志钧	赵绍琴	董建华	米伯让	李辅仁
张珍玉	班秀文	颜正华	于己百	颜德馨
路志正	方药中	王乐匋	黄星垣	谢海洲
余桂清	何　任	王子瑜	程莘农	陈彤云
焦树德	张作舟	张　琪	李寿山	张镜人
王绵之	方和谦	印会河	王玉川	蔡小荪
李振华	马继兴	王嘉麟	宋祚民	刘弼臣
王雪苔	刘志明	吴咸中	李今庸	任继学
裴学义	王宝恩	周霭祥	贺普仁	唐由之
赵冠英	许润三	金世元	陆广莘	刘柏龄
徐景藩	吉良晨	吴定寰	沈自尹	王孝涛
张灿玾	周仲瑛	强巴赤列	张代钊	李经纬
郭维淮	柴松岩	苏荣扎布	陈可冀	李济仁
夏桂成	郭子光	巴黑·玉素甫	张学文	陈介甫